本册编委会

主　编：张　杰　肖　方
副主编：李承森　符鹤飞　王世力　梁志方
编　委（以姓名笔画为序）：
　　　　马清温　王世力　王合升　白勇军　李承森　肖　方　宋玉爱
　　　　张　杰　陈伟岗　高　峰　郭　毅　黄芳惠　符鹤飞　梁志方
　　　　戴进业

引 言

　　我国唯一的岛屿型猕猴自然保护区位于万宁与三亚之间的陵水地区的南湾半岛上。这里有美丽的海滩和独具魅力的动物世界。在千百年里，猕猴是南湾半岛上最早的"居民"。后来者，包括居住在岛上的人们及上岛的访客，与猕猴共同构成了南湾家园的活动群体。协调好岛上猕猴、岛民与访客的关系是维系猴岛生态平衡的基本点。南湾半岛的建设者已经意识到维系生态平衡的重要性，并付诸行动，保障岛上猕猴的安稳生活，营造和保护海岛美丽的生态环境，接待好远方来客。海湾里的疍家人以海为家园，世世代代终年生活在海上，从大海获取生活物资，成为"海上吉卜赛人"。生活的艰辛并没有压垮疍家人，反而锻炼出他们与大海博弈的本领，培养出他们的开朗性格。来自艰难之中的咸水歌咏唱的多是疍家人的美好生活，以及对未来的殷切期望。来南湾家园做一次访客吧，与猕猴和疍家人共同享受热带海湾和岛屿的美丽风情。

　　本册将带您走近猕猴，了解南湾半岛的生态，体验呆呆岛风情，融入疍家文化。

概　要

第一节　猕猴家园 / 5

第二节　南湾半岛的生态景观 / 20

第三节　南湾半岛风情 / 46

☞ 南湾半岛与南湾港内的船屋

猕猴母子探秘

群猴嬉水

飞向海南

第4页

第一节
猕猴家园

【关键词】 猕猴　猴王　猴群
【知识点】 生命演化　濒危动物　自然保护区

研学地点

陵水黎族自治县新村镇南湾半岛

眺望的猕猴

猕猴戏水

第四册　猕猴家园与南湾风情

第5页

研学背景

陵水黎族自治县东南濒临南海，海岸线长约57.5公里，辖有香水湾、陵水湾、清水湾和土福湾四个海湾。气候属于热带海洋气候，年平均温度为25.2℃，年平均降雨量为1500～2500毫米，降水集中在8～10月份。全年无霜，四季常青，光照充足。天然港口有新村港、黎安港、水口港、山中港、港坡港。其中最大港口是新村港，水域面积22.26平方千米，港内水温17～30℃，盐度18.3‰，适宜海水养殖。矿产丰富，有钛矿、锆矿、锡矿、锌矿、高岭土、花岗岩、玉石等20多种。

海南南湾省级自然保护区是以海南猕猴为主要保护对象的动植物类型保护区，常称为南湾猴岛自然保护区。

南湾半岛与南湾港内的船屋

聚精会神观察的猕猴

海南吊罗山国家森林公园生长有世界珍稀树种龙脑香科的青皮、坡垒。陵水黎族自治县有国家一级保护野生动物海南山鹧鸪和坡鹿；有猕猴、穿山甲、蟒蛇、银环蛇、眼镜蛇等陆生动物；有马鲛、金枪、乌鲳、石斑、鱿鱼、章鱼、明虾、斑节对虾、龙虾、扇贝、白蝶贝、美腿螺、青蟹、螃蟹、琵琶蟹、海参、海马、鲍鱼、海胆、金钱龟、绿海龟、玳瑁、沙虫等海洋动物；有紫菜、麒麟菜等藻类。

飞向海南

第四册 猕猴家园与南湾风情

海南南湾省级自然保护区位于南湾半岛，是我国的猕猴自然保护区，也是世界上唯一的岛屿型猕猴自然保护区。保护区形状狭长，依山傍水，三面环海，总面积约为 10 平方公里，12 座山峰连绵起伏。森林覆盖率达 95%。山上有猕猴 30 多群，共 2000 多只，有 4 个猕猴群生活在山下，与人共处。

海南南湾省级自然保护区是"海南省中小学生研学旅行实践教育基地"，为青少年提供了一个走进大自然、亲近大自然、探究猕猴习性、研究海岛生态和风土人情的学习场所。通过进一步建设和提升，这里必将成为全国青少年研学实践的优选基地。

凝视远方的猕猴

研学知识

猕猴（Macaca mulatta）属于哺乳纲灵长目猴科猕猴属的动物。猕猴体形中等偏小，行动灵活。我国的猕猴资源丰富，有 20 万余只，分布范围广，主要分布在广东、广西、贵州和云南等省（自治区）。南湾猕猴属于亚热带猕猴，学名为恒河猴，也称作广西猴。

1. 猕猴的特征

猕猴的身形有些像人，体长约 50 厘米，尾长 19～30 厘米。双眼圆圆，两颊塌陷，颜面瘦削，前额低，眉骨高，眼窝深，吻部突出，有用于藏食物的颊囊。它们的前肢与后肢大体等长，拇指能与其他四指相对，善于抓握东西。头部为棕色，背部为棕灰或棕黄色，腰部以下为橙黄或橙红色，腹面为淡灰黄色。面部、两耳多为肉色，臀胝发达，多为肉红色。屁股没有毛且尾短，能站立行走，发出的咯咯声有如咳嗽一般。

猕猴一般在每年的 11～12 月发情与交配，妊娠期平均为 5 个月，到次年的 3～6 月产仔。猕猴可以 3 年生 2 胎，每胎产一仔，哺乳期约为 4 个月。雌猴 2.5～3 岁性成熟，雄猴 4～5 岁性成熟。猕猴最早于 6～7 岁开始交配。猕猴的寿命最长可达 30 年。

👆 枝头习舞的猕猴

👆 三口之家

2. 猕猴的生活习性

群居与栖息地

猕猴的适应性强，栖息地广泛，喜欢半树栖生活，多生活在山区森林里。猕猴之间会用发出的各种声音或手势进行联络。猕猴属于群居性动物，一般30～50只为一群，大群可以达200多只。猴群的大小变化与栖息地环境的优劣变化有密切关系。在繁殖季节或缺少食物的日子里，猴群会变得大一些，它们的活动范围也会扩大。

每个猴群由一只猴王率领。猴群中，母猴和小猴占多数。每个猴群都有自己的领地和较固定的活动范围。猴群之间一般互不来往。猴群数量的变化与猴王的实力有关。强势的猴王所占的地盘不仅大，而且地段好，食物及水源都相当富足。反之，弱势的猴群就只能在偏远的地方活动。若是一个猴群无意中闯进了另一个猴群的领地，两个猴群便会大打出手，直到其中一个猴群被打跑。

群猴戏耍的场景

猕猴善于攀藤上树，攀缘跳跃，攀崖越险，出入岩洞。它们还会戏水游泳，甚至可以潜在水里游动一会儿才钻出水面。猴群活动时，会有老猴或者猴王站在高处站岗放哨，若发现情况异常，便发出危险信号，召唤猴群迅速逃离，片刻之间，猴群就消失得无影无踪。

猕猴的家族观念很重。除了猴王掌控整个猴群以外，母猴对自己的孩子格外关照。出生不久的幼崽常常趴在妈妈的腹下，抓住母猴的皮毛，依附在妈妈的身上四处奔走，或在妈妈身边玩闹、寻找食物。长大的小猴会和兄弟姐妹一起玩耍，有时候一家子在一起晒太阳，四肢张开，懒洋洋地躺在地上，互相抓虱子，挠痒痒，其乐融融。

母爱之情

食物

猕猴以植物的果实、幼芽、嫩枝叶等为主要食物，也会捕捉蚯蚓、蚂蚁、昆虫、小鸟等小动物为食。猕猴在采食野果时，能够通过触摸感知果实是否成熟，选择成熟果实，如会食用成熟的猕猴桃、杧果等。不成熟的果实会被它们丢弃掉。

如果细小的种子和食物掉在地上，猕猴会用拇指和食指熟练地从地上一粒一粒地捡起来送到嘴里，或者俯下身子用嘴直接把食物吃掉。当猕猴发现鸡蛋或者其他鸟蛋时，会用手掌抓住蛋在硬物上敲破，喝里面的蛋清和蛋黄。并且，猴子还会跑到人类居住的地方偷食鸡蛋与鸭蛋等。

猕猴觅食嫩叶

呼唤好友

行为与表情

猕猴会模仿人的动作，举起矿泉水瓶子向嘴里倒水喝。猕猴的智商不亚于四五岁的孩子。聪明的猴子知道游客的口袋、背包里有食物，因此会从侧面或后面蹿到游客身上，伸爪子到口袋或背包里搜寻食物，一旦抓住食物，便立即抽身逃走，躲到远处享受食物的美味。

当猕猴对新奇的事物产生兴趣时，会呆呆地盯着看，两只眼睛跟着目标转动，甚至张开嘴巴，一脸呆萌。一会儿缓过劲来或者意识到危险，它便快速离开。如果感觉可以再近一些接触，它会向前探索，伸手抓一把。

第四册 猕猴家园与南湾风情

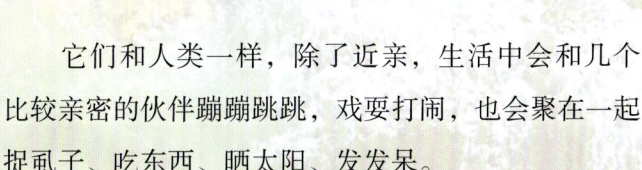
猕猴的亲水游戏

它们和人类一样，除了近亲，生活中会和几个比较亲密的伙伴蹦蹦跳跳，戏耍打闹，也会聚在一起捉虱子、吃东西、晒太阳、发发呆。

当面对对手时，猕猴会发怒，龇牙咧嘴，满面通红，毛发直立，发出怒吼声，又蹦又跳，既表达愤怒，又显示威严。它们偶尔还会做出攻击的姿势，一旦时机成熟，就会趁势出击，猛烈攻击对手。在和对手争斗时，它们偶尔也会抓起石头敲击对方。

猕猴互相梳理毛发

第11页

竞选猴王

猴王是从众多优秀的雄猴中"竞选"出来的。也就是说，猴王的"宝座"是通过残酷厮杀战胜对手得来的。所以，猴王有资格把尾巴翘得高高的，以显示它的尊贵。其他猴子则是不敢随便翘尾巴的。

一般经过四年左右的时间，一个猴群就会发生争夺猴王王位的事件。原来的猴王能否连任完全取决于实力。通常到了发情期，猴群中新生代的佼佼者自觉实力满满，当着老猴王的面翘起尾巴，向老猴王示威，发起挑战。一旦开打，便是你死我活。打完一场，打跑一个，再打一场，打残一个，接着再战，直到战胜所有挑战者，最后的获胜者便是新猴王。那些败下阵来的猴子，包括战败的老猴王，个个鲜血淋淋，残肢瘸腿，被驱逐出猴群，成为流浪猴。真是"胜者为王，败者为寇"。

一群之主——猴王

警惕之中的猴王

猴王体格强健，勇猛善战，有责任保护自己猴群成员的安全，保护自己领地的完整。遇到危险情况，猴王必须"身先士卒"上战场，奋力拼搏，绝不退让。当然，有重大责任也就有可享受的特权。猴王首先有占有权，在吃、住、行动各个方面有绝对的占有权力。有好吃的，猴王先吃，别的猴子都不敢上前。猴王所到之处，其他猴子及时退让。猴王想去哪里，尾巴一翘，前头一走，群猴就得马上跟上。其次，猴王有指挥权。猴王总是威风凛凛，众猴必须听命于猴王，不得违抗。猴王可以派其他猴子站岗。最后，猴王有交配权，享有"一夫多妻"的特权。群内大多数成年母猴都是它的"王妃"。猴王不允许别的公猴接近自己的"王妃"，否则，轻则赶出猴群，重则将被咬死。

猴王虽然威武、霸道，但是当幼猴不懂事理闯到猴王眼前甚至抢食猴王的食物时，猴王反倒会例外地谦让于它们，让它们享受它的食物。

思考中的猕猴

3. 猕猴、岛民与访客

南湾半岛上的猕猴由来已久。它们不断分群，各自占领地盘，依靠岛上的植物等食物休养生息，世世代代，繁衍至今。南湾半岛是猕猴的家园。然而人类的到来打破了原有的平静，影响了岛屿的生态平衡。应该说，是人类为了拓展自己的生存空间而闯入了猕猴的家园。

毋庸置疑，保护半岛的生物多样性，以及维系生态平衡是岛民和建设者必须面对与解决的严峻问题。这不仅关系到猕猴的生存与进退，更关系到半岛的未来发展。如何准确地理解人类与大自然的关系，如何更好地协调人类和其他生物之间的关联，如此紧迫的挑战性问题已经摆在南湾建设者的面前。

从时间和空间的维度上看，猕猴是先于岛民生活在南湾半岛上的，尽管它们的智商达不到人类的高度，生存能力也没有人类强大，但是它们毕竟在半岛上一代一代传宗接代。人类来到此地不是要驱赶猕猴，占据它们的领地，而是要呵护好猕猴。人类与猕猴共享岛上资源，共同发展，构建一个猕猴、岛民和访客和谐相处的美好家园，创造人与自然天人合一的共有家园。几十年来，岛民和建设者为南湾半岛的发展付出了巨大努力和代价，南湾半岛呈现了可喜的良性发展。

链接 濒危动植物种类

濒危动植物是指所有由于动植物种类自身的原因，或者由于受到外界环境变化，包括人类活动或自然灾害的影响和破坏，面临灭绝危险的野生动植物种类。广义上的濒危动植物泛指珍贵、濒危或稀有的野生动植物种类。列在《濒危野生动植物种国际贸易公约》附录中的动植物，以及国家和地方重点保护的野生动植物都属于濒危动植物种类。

 猕猴们在小桥上尽情休憩

链接　海南长臂猿

海南长臂猿作为黑长臂猿的亚种，仅分布在我国海南岛，为国家一级保护动物，海南省特有种。海南长臂猿体重7～8千克，雌雄大小相近。站立约60厘米高。雄性几乎全黑，有时胸部和腹部为淡褐色，雌性为淡黄色、橙色或浅褐色；有浅黑色冠。雌性每隔几年繁殖一次，在树冠产仔，每胎1仔。母亲怀抱幼崽生活2年。幼体出生时与母体颜色相近，1岁时，体色变化接近雄性深色，之后雌雄颜色各自分异。

长臂猿为什么啼叫呢？海南长臂猿生活在热带雨林里，主要集中在海南霸王岭国家自然保护区。海南长臂猿属于树栖动物，活动与觅食均在乔木冠层或中层进行。食物以新鲜果实为主，也吃嫩叶和动物。多为家庭小群生活，由一对成年猿猴和几只幼猴组成，每群不超过5只。它们生活的地域性很强，有各自的领地，不准他群闯入，否则将会发生激烈的争斗。因而，长臂猿啼叫既是取乐的方式，又是群体内相互联络的信号，更是保护自己地盘、警告外来者的鸣叫声。

第四册　狮猴家园与南湾风情

第15页

群猴大宴

1. 猕猴的哪些行为与人类相似？

2. 为什么竞争猴王的过程如此激烈，对一个猴群有什么重要意义？

3. 母猴如何携带小宝宝活动和照顾它们的生活？

飞向海南

母子沐浴阳光

第18页

研学小实践

1. 观察与记录猕猴不同个体的外形特征。

2. 观察猕猴的表情并记录下来，你发现了几种表情？

3. 观察一群猕猴，分辨出猴王、母猴和小猴，哪几只猕猴是一家？

第四册 猕猴家园与南湾风情

👆交流中的猕猴

研学小思考

1. 讨论和理解南湾猕猴与人类关系的三元性。

2. 了解猕猴和海南长臂猿在生物分类位置上的差异。

3. 了解达尔文的进化论。

第二节

南湾半岛的生态景观

【关键词】 南湾半岛　生态环境　海草床
【知识点】 双名命名法　检索表

 研学地点

陵水黎族自治县新村镇南湾半岛

呆呆岛远眺

第四册 猕猴家园与南湾风情

南湾猴岛标识

第 21 页

 研学背景

　　1965年，海南省在陵水县南湾半岛上建立了猕猴自然保护区。南湾半岛以山地为主，海滩环绕山地。山上的火山岩巨石比比皆是，岩洞众多，奇石嶙峋，树木繁茂，四季常绿。

飞向海南

👆 呆呆岛的椰林与沙滩

研学知识

1. 南湾半岛植物

椰子

椰子（*Cocos nucifera*）属于棕榈科椰子属的常绿植物，也称椰树。植株高可达30米，茎挺直、粗壮，有环状叶痕。大型羽状叶从树梢伸出，长4～6米，裂片多数，呈线状披针形，长65～100厘米；叶柄粗壮，长超过1米。腋生佛焰花序，长为1.5～2米，多分枝，雄花聚生于分枝上部，雌花散生于下部；雄花的萼片为鳞片状，花瓣为卵状长圆形；雌花的萼片为圆形，花瓣与萼片相似。椰子的果实分为绿椰、黄椰和红椰三种，坚果为倒卵形或近球形，顶端微具三棱，外壳厚，富含纤维；内果皮骨质，近基部有萌发孔3个，种子1颗；胚乳由椰肉和椰汁组成，胚很小。

椰子一年四季花果不断，尤以秋天为收获旺季。盛产期在20年以上，树龄可长达80年。果实内有椰汁可做饮料，果肉可以食用，也可以榨油、制作糖果糕点。椰汁及椰肉含大量蛋白质、果糖、葡萄糖、蔗糖、脂肪、维生素、钾、钙、镁等。椰壳可制作器皿和工艺品；椰纤维可制毛刷、地毯、缆绳等。椰叶可以盖屋顶或编织。树姿优美的椰子还是热带地区的重要绿化树种。

椰子喜热喜光，适合在高温、多雨、阳光充足的环境里生长。在年均气温24～25℃、年降雨量1500～2000毫米、全年无霜的条件下，椰子才能正常开花结果。椰子具有较强抗风能力。椰子果可以在海中漂流上千公里后在离母树非常远的地方生根发芽。椰子原产于马来群岛，海南种植椰子已有2000年的历史了。

第23页

榄仁树（大叶榄仁）

榄仁树（*Terminalia catappa*）也叫大叶榄仁，是使君子科诃子属的乔木树种。叶大，互生；穗状花序长而纤细，雄花生于上部，两性花生于下部，缺少花瓣，子房为圆锥形；果实青黑色，椭圆形，稍压扁，果皮木质，坚硬。果实内含种子1颗。果实是猕猴的食物之一。榄仁树生长于气候湿热的海边沙滩上，成为行道树或绿化树木。树皮含单宁，能生产黑色染料。种子油可食，也可供药用。木材可以作为舟船、家具等用材。

榄仁树横向生长的根

榄仁树

花序

榄仁树的果

榄仁树的花

第四册 妆扮家园与雨湾风情

软枝黄蝉攀缘在其他高树上

第 26 页

飞向海南

👆软枝黄蝉的雄蕊和雌蕊　　　　👆长春花　　　　👆鸡蛋花

第四册 猕猴家园与南湾风情

软枝黄蝉

软枝黄蝉（*Allamanda cathartica*），是夹竹桃科黄蝉属的藤状灌木，枝叶具乳汁，叶对生或轮生。花序梗短，花冠呈金黄色，花冠下部为圆筒形，向上扩大成钟状并有裂片5个，喉部有橙红色条纹。从外形上不容易发现雄蕊和雌蕊，因此把这种植物称为无芯花。其实雄蕊是隐藏在花冠筒的喉部，共5枚。雌蕊的花柱为丝状，柱头膨大。如果把花柱打开，可以看到雄蕊。软枝黄蝉原产美洲热带地区，中国引入栽培后主要用于庭院绿化。植株乳汁有毒，人畜中毒会刺激心脏，造成循环系统及呼吸系统功能障碍。夹竹桃科的植物一般都有毒，且毒性较大。海南常见的长春花和鸡蛋花也属于夹竹桃科植物，我们在野外活动时需注意防护。

👆软枝黄蝉的花

第27页

◉ 杧果种植园

杧果（芒果）

杧果（*Mangifera indica*）属于漆树科杧果属的植物。杧果树为常绿乔木，圆锥花序，多花密集。花小，为黄色或淡黄色，既有单性雄花，也有两性花。花盘肉质膨大，雄蕊仅1枚发育，花药卵圆形，不育雄蕊3～4枚。子房斜卵形，花柱近顶生。杧果不同品种的雄花数与两性花数的比例差别较大，花性比例的高低受到温度等气候条件影响。核果肾形，成熟时黄色，中果皮肉质，肥厚，鲜黄色，味甜，果核坚硬。中果皮是主要食用部分，也是猕猴的食物之一。

杧果为热带著名水果，栽培品种的果实形状和大小变化极大。我国栽培品种有40多个。海南鸡蛋芒是著名的栽培品种，果肉汁多味美，还可制罐头和果酱，或者盐渍供调味用，亦可酿酒。杧果果皮和果核均可入药，叶和树皮可做黄色染料。木材坚硬，耐海水侵蚀，宜做舟车或家具等。树冠球形，郁闭度大，是热带良好的庭院和行道树种。

飞向海南

第28页

◉ 杧果花的结构

◉ 杧果花序

凤凰木

凤凰木（*Delonix regia*）又名火凤凰、金凤花、凤凰花，是豆科凤凰木属的落叶乔木。叶为二回偶数羽状复叶，羽片对生。花序顶生或腋生，花大，鲜红至橙红色。荚果稍弯曲，暗红褐色，成熟时黑褐色，顶端有宿存花柱；种子20~40颗，横长圆形，种子有毒。海南栽培的凤凰木比较多，常作为观赏树或行道树，盛开时红花与绿叶相映，色彩艳丽。

👆 凤凰木的花序

👆 凤凰木的果实

木麻黄

木麻黄（*Casuarina equisetifolia*）也叫马尾树，属于木麻黄科木麻黄属植物的常绿乔木。从外形上看，木麻黄像裸子植物的松柏类，但其实它是被子植物。木麻黄细细的如长松针模样的是它的小枝条，仔细分辨才能看到小叶片。小枝条不到一毫米粗，上面的叶片就更小了，通常小枝条上每轮有7枚叶片。木麻黄的叶片像细小的鱼鳞附在细小的枝条上，这种叶片被称为鳞叶。鳞叶为三角形，长1～3毫米。果实为椭圆形，生于近枝顶的侧生短枝上。

木麻黄的枝叶有药用价值，可以治疝气、阿米巴痢疾及慢性支气管炎等。幼嫩枝叶可以作为牲畜饲料。木材可以作为枕木、船底板及建筑用材。海边土质含沙量高，松软，盐碱度高，其他树种在这里难以存活，而木麻黄树耐碱、耐旱、耐海水浸渍，能够在沙滩上生长。

木麻黄的根系很多，有的大树能形成板根，增强抵抗强风的能力，成为热带海岸防风固沙的优良树种，被称为"海岸卫士"。在红树林的边缘也经常能见到木麻黄，属于一种红树林伴生植物。

木麻黄

 **常见木麻黄属植物检索表（根据《中国植物志》修改）**

1 鳞片状叶每轮12～16枚，上部褐色，不透明；小枝直径1.3～1.7毫米；枝嫩梢具明显的环列、外卷的鳞片状叶——粗枝木麻黄

1 鳞片状叶每轮10枚以下；小枝直径1毫米以下；枝嫩梢的鳞片状叶直或稍开展，但不外卷的鳞片状叶

2 鳞片状叶每轮通常8枚，较少为9枚或10枚，上部褐色，不透明；小枝稍硬，不易抽离断节——细枝木麻黄

2 鳞片状叶每轮通常7枚，较少为6枚或8枚，淡绿色，近透明；小枝柔软，易抽离断节——木麻黄

果实

海菖蒲

海菖蒲

海菖蒲（Enhalus acoroides）为单子叶水鳖科海菖蒲属的多年生海水草本植物，俗名叫海水兰，因为很像陆地的兰花，以无性繁殖为主，也会开花结果。须根粗壮，根茎匍匐，节密集，外包许多粗纤维状的叶鞘残体。叶带状扁平，常扭曲，全缘，基部具膜质叶鞘，长可达1.50米；叶脉多达19条，有30～40条气道与叶脉平行排列。雌雄异株；雄花多数，包藏在1个近无梗、由2苞片组成的压扁的佛焰苞内，花苞在开花前紧闭合，成熟后雄花浮于水面开放；萼片白色，长圆形；花瓣白色，略宽于萼片；雄蕊白色；雌花佛焰苞梗在结果时螺旋卷曲，内有雌花1朵；花萼淡红色，花瓣白色，长条形，花柱6枚，子房卵形压扁。果实卵形，种子少数，具棱角。

海草根部有大量的螃蟹、虾、鱼苗生活在那里，这是它们理想的栖息地。海菖蒲广布西太平洋和印度洋沿海。在海南，它生活在中潮线的沙海底区域。

链接 海草

陵水黎族自治县南湾半岛附近有海南省政府批准建立的陵水新村港与黎安港海草特别保护区，保护海草、海草床及其海洋生态环境。4亿年前，海洋里的藻类登上陆地，演绎出陆地上轰轰烈烈的"生物大爆发"直至人类出现。正如同动物界的鲸、海豚又返回海洋一样，陆地上有些被子植物也返回海洋，适应咸水环境而生存发展，由此诞生海草。海草生活在近岸海域或滨海河口的水域中。海草依旧保持有根、茎、叶的分化。植物成熟时，茎枝伸出水面开花。全世界的海草共有12属，我国有9属，海南有喜盐草、海菖蒲、泰莱草、二药藻等4属。

在新村港港湾3～5平方公里的海床上生长着茂密的海草。海草种类有泰莱草、海菖蒲、海神草、羽叶二药藻和小喜盐藻等9种。生活在此处的鱼类有8种，伴生生物有21种。港湾内水温适宜，风浪影响较小，海草床生态系统完好。黎安港海域的海草面积约有1平方公里。海草床中底栖生物丰富，常见的类群有紫海绵、梭子蟹、网新锚参、细鳞刺等。伴生生物有25种。

海草

链接　海草床

海草床是海草生长地连成的大片区域，被称为"海底草原"。海草床与红树林、珊瑚礁构成三大海洋生态系统。海草床生态系统能改善海水透明度和浅水水质，减少富营养物质，为众多海洋生物提供栖息地和食物，包括浮游生物、附生生物、寄生生物、底栖动植物、深海动植物等。海草床是鱼、虾及蟹的生长和繁衍场所。海草床里有大量腐殖质，有利于海鸟栖息。海草床参与浅海水域食物网的组成。直接食用海草的生物包括儒艮、海胆、海马、马蹄蟹、绿海龟、鱼类等。死亡的海草成为食物链的基础，细菌分解海草产生腐殖质，为沙虫、蟹类和滤食性动物（如海葵和海鞘类）提供食物。腐殖质分解释放出的氮、磷等元素被海草和浮游生物重新利用。浮游动植物又是幼虾、鱼类及其他滤食性动物的食源。如此复杂的食物链循环往复。

海草床是海洋动植物赖以生存的重要载体，是巨大的海洋生物基因库。此外，海草是一种根茎植物，生长在淤泥质或沙质海底，可以固着泥土，减弱海浪冲击，起到保护海底和海岸线的作用。海草床及其所依附的海滩是研学实践、科学教育，以及开展旅游、发展海洋生态养殖业（即蓝色农业）的重要基地。

海藻

海藻是生活在海洋里的藻类植物。同陆地上的开花植物相比，海洋里的海藻属于低等植物。藻类的主要特征是没有真正的根、茎、叶的分化，更不会开花结果，也不产生种子，而是依靠孢子繁殖或是营养繁殖，所以藻类又被称为植物界的隐花植物。

鹿角藻

鹿角藻（*Pelvetia siliguosa*）植物体叶状，枝扁平至亚圆柱形，叉状分枝，枝基部的固着器呈锥盘状，紧紧贴附在岩石上。鹿角藻雌雄同体，精子囊和卵囊生于枝末端膨大的生殖托上。鹿角藻生长在潮间带，其叶状体可以食用。

链接　海带

海带（*Laminaria japonica*）属于褐藻，是褐藻门游孢子纲海带目海带科海带属的藻类植物。海带的藻体呈现褐色，长2～4米，最长可达7米。藻体分为固着器、柄、叶三部分。固着器叉形分枝附着在海底岩石上；柄短粗，圆柱形；叶片狭长，带状。海带分布于北半球沿海地区。海带是一种营养丰富的食用褐藻，含60多种营养成分，如铁、脂肪、胡萝卜素、钙、磷、钾和多种纤维素，是优质的海洋天然食材。

鹿角藻

第四册　猕猴家园与南湾风情

2. 南湾半岛动物

突吻箱鲀

突吻箱鲀（Ostracion rhinorhynchos）别名吻鼻箱鲀、箱河鲀、海牛港、长鼻木瓜，属于硬骨鱼纲鲀形目箱鲀科箱鲀属的一种鱼类。身体长方形，灰褐色；体甲截面大致呈五角形状，背侧棱与腹侧棱发达、锐利；背面较宽，背中间具有低的背中棱；腹面宽大，呈弧状；吻部突出；唇厚，齿深褐色。背鳍短小，软鳍条有9根；臀鳍软鳍条有9根；尾鳍圆形。唇背、头部、尾柄、背鳍、尾鳍与胸鳍基均具有黑斑。

吻鼻箱鲀像刺猬一样浑身长满硬刺。安静时，吻鼻箱鲀就像普通鱼游弋在水中。一旦遇到危险，吻鼻箱鲀的身体就立刻像气球一样迅速膨胀，浑身的硬刺也根根直立，使侵犯它的对手"望刺兴叹"，无从下口。吻鼻箱鲀栖息于海礁区或近海沿岸区，栖息地水深35～50米。在海南岛近岸浅水区域可以见到它们的活动踪迹。吻鼻箱鲀以底栖无脊椎动物为食，体内含有箱鲀毒素，在受到威胁或死亡时会释放出毒素。吻鼻箱鲀因具有毒性，不宜食用，但可以作为观赏鱼。

突吻箱鲀

链接 鞍带石斑鱼

鞍带石斑鱼（Epinephelus Lanceolatus）别名龙胆石斑鱼，属于鲈形目鮨科石斑鱼亚科石斑鱼属的鱼类，也是石斑鱼类中体形最大的鱼类。成鱼一般体长60～70厘米，最大的体长可达2米。体重在35千克左右，最重的可达160千克。鞍带石斑鱼的体形呈长椭圆形，侧扁，体长约为体高的3倍。尾鳍后端为圆形。前鳃盖骨后缘有锯齿，鳃盖骨后缘具2根粗棘，头部（除吻端及上下颌外）均被有细小的鳞片，背鳍鳍棘与鳍条部相连，各鳍（除腹鳍外）呈黄色，并布满黑色小圆点，体侧有5～7条横向斑纹。鞍带石斑鱼口裂大，下颌稍突出，上颌能伸缩，上颌骨后端扩大，伸达眼后缘下方，上颌前端具若干犬牙，两侧外侧为稀疏小犬牙，内侧为绒毛齿带，下颌前端具有与上颌相对的犬牙。鞍带石斑鱼为底层肉食性鱼类，栖息在礁盘内，水深可达60米。鞍带石斑鱼以底栖甲壳类及小鱼、小虾为食，通常以突袭方式来捕食，令猎物猝不及防。鞍带石斑鱼的主要产地为东南亚与大洋洲海域，以及我国南海，寿命可达50岁。

鞍带石斑鱼

海胆

海胆

海胆是棘皮动物门海胆纲（Echinoidea）中生活在海洋浅水区的无脊椎动物。海胆的颜色较深，有绿色、橄榄色、棕色、紫色及黑色。海胆的身体为球形、盘形或心脏形，无腕。内骨骼互相愈合，形成一个坚固的壳。壳分成三部分。第一部分最大，由20多行多角形骨板排列成10个带区，5个具管足的步带区和5个无管足的步带区相间排列，各骨板上均有疣突和可动的长棘。第二部分称顶系，位于反口面中央，由围肛部和5个生殖板及5个板眼组成，生殖板上有生殖孔；围肛部上有肛门。第三部分为围口部，位于口面，有5对口板，各口板上有一管足，口周围有5对分支的鳃，为呼吸器官。多数种类的海胆口内具复杂的咀嚼器。咀嚼器被称"亚里士多德提灯"，其上具齿，可咀嚼食物。海胆多数雌雄异体，个体发育中经过海胆幼虫（长腕）阶段，再变态成为幼海胆，经过1～2年才达到性成熟。海胆类的食性广泛，可以是肉食的，以腹足类和其他棘皮动物等为食；也可以是植食的，以各种海藻为食。还有的海胆取食有机物碎屑，通过管足或刺收集周围的有机物颗粒，再由纤毛送入口中。可分为规则海胆亚纲和不规则海胆亚纲两个亚纲，22目，225个属，900多种。中国约有100种，化石约有7000种。

👆 长刺海胆

长刺海胆

长刺海胆（*Diadema setosum*）属海胆纲冠海胆目冠海胆科长刺海胆种，俗称长刺黑海胆或魔鬼海胆。体形呈圆球形，直径为7～8厘米。壳外长满了黑色或黑褐色的刺，刺中空，内含有毒液，刺长可达15厘米。长刺海胆生活在水深3～7米的海里，在珊瑚礁区或低潮线附近有成群的长刺海胆。它们以藻类、水螅、蠕虫为食。长刺海胆大多雌雄异体，幼体经2～3年性成熟。长刺海胆分布在中国南海、广东沿海等地，以及印度洋与西太平洋海域。

海星

海星属于棘皮动物门海星纲（Asteroidea），与海参和海胆属于同类。海星身体扁平，具有5个腕，极少部分具有4个或6个腕，多数呈五角形，体色多为红黄褐色。海星的辐径为1～80厘米，腕下伸出成行的管足，具有爬行功能。体表具有短棘和叉棘。海星多数为雌雄异体，少数为雌雄同体，也可以进行无性分裂繁殖。个体生活史中经过羽腕幼虫和短腕幼虫两个阶段。海星适应底栖（泥质与岩石质）生活。海星种类繁多，达1600种，常见种类有砂海星、陶氏太阳海星和罗氏海盘车等。在海洋里，海星类口面向下，反口面向上；海百合类的口面向上；海参类的口面与反口面的区分不明显。

👆 海星

飞向海南

绿海龟

绿海龟（Chelonia mydas）隶属海龟科海龟属，是大型海洋龟类动物。头背有对称大鳞，前额有鳞一对。吻部短圆，上颚前端不成钩曲。下颚略向上钩曲，颚缘具强锯齿，背甲呈心形，盾片镶嵌排列；腹甲上有一系列下缘盾，腹甲平坦，前、后缘圆弧形。四肢桨状，前肢长于后肢，每肢内侧各具1爪。背甲橄榄色或棕色，杂有黄白色放射纹；腹甲黄色。头及四肢呈棕褐色。雄性尾长，达体长的1/2。

绿海龟的食性很杂，以鱼类、头足纲动物、甲壳动物、软体动物及海藻等为食。绿海龟用肺呼吸，是一种吞气式的呼吸方式，每隔一段时间便要将头伸出海面来呼吸。也可以较长时间地在水下生活，依靠肛囊来过滤氧气。为了适应海水中的生活环境，在眼窝后面泪腺旁有特殊腺体，可以把体内过多盐分通过眼边缘排出，还能使喝进的海水经盐腺去盐而淡化。

刚孵出的小海龟，不管海滩的地势如何或气候怎样都要离开巢穴，爬过沙滩，回归大海。这是因为它们的视觉系统对光信号敏感，促使它们向海洋爬去。初生稚龟的天敌较多，生存概率很低，仅有百分之一二。

绿海龟生活在太平洋、大西洋及印度洋中的温暖海域中，到了产卵季节就会进行一次长途跋涉，洄游到产卵地。当海水温度下降时，绿海龟也会迁徙到水温较高的水域。地球磁场是它们长途跋涉时的指南针。绿海龟通过地球磁场和太阳及其他星体的位置来辨别方向。在迁徙过程中，绿海龟还有一张自己的"地图"，用以明确自己的地理位置和最终要到达的特定目的地。

绿海龟

🖐玳瑁

玳瑁

玳瑁（Eretmochelys imbricata）属于爬行纲龟鳖目海龟科玳瑁属的海洋动物。玳瑁体形较大，背甲曲线长度可达1米，头顶有两对前额鳞，吻长，侧扁，上颚前端钩曲呈鹰嘴状；背甲较平扁，呈心形，背甲盾片覆瓦状排列。四肢呈桨状，前肢长于后肢，覆有并列大鳞和盾片，每肢外侧具2爪。雌龟尾短小，通常不露出甲外。头背鳞片黑色至棕褐色，颚缘黄色。背甲棕红色，缀有浅黄色云斑，有金属光泽。腹面黄色，有褐色块斑。玳瑁生活在东南亚和印度洋等热带和亚热带海洋中，栖息在沿海的浅水珊瑚礁、海湾、河口、红树林沼泽和清澈的潟湖里等。玳瑁游泳速度快，属于性情凶猛的肉食性动物，捕食海绵、水母、海葵、鱼类、虾蟹和贝类等动物，也吃海藻。喜欢在珊瑚礁、大陆架或长满褐藻的浅滩中觅食。

陆龟

陆龟属于爬行纲的龟鳖目曲颈龟亚目下的陆龟科，全世界（除大洋洲和南极洲外）都有分布。英文陆龟（tortoise）泛指所有生活在陆地上的龟类，亦即非海栖和非水栖的种类。

陆龟的身体结构与绿海龟近似，均以龟壳保护自己。陆龟的壳体是由顶部的甲壳（背甲）和底部的甲壳（腹甲）构成的，龟

🖐陆龟养殖场

飞向海南

第38页

甲高而呈圆盖形。陆龟同时拥有内骨骼与外骨骼。陆龟前肢粗大而钝圆，覆盖有厚厚的鳞片，具有自我保护功能；后肢壮如象腿，呈圆柱状，粗壮有力。食性以植物为主。陆龟是世界上长寿的陆生动物，寿命最长可达150年。陆龟体形多样，甲壳长从几厘米到两米，以中型和大型为主。多数种类的陆龟头和腿能够缩入甲壳内以保护自己不受侵害。陆龟无牙，颌部形成坚硬的喙。

陆龟生活在陆地上，生境范围涵盖温带到热带的温暖、环境幽暗的地方，包括灌木林、常绿森林、热带雨林、干草原与高地，甚至沙漠地区。陆龟喜欢独居，昼行，通常在清晨或黄昏时分开始活动，中午温度升高就会进入休息状态。陆龟生性温和，行动缓慢，不易捕捉行动迅速的小动物，主要以植物为食。母龟通常夜间在事先挖好的洞穴里产卵。产卵后，母龟会用沙子、土等把卵盖好。卵是自然孵化的。作为变温动物，陆龟体温受到环境影响，会随温度的变化而变化。

苏卡达陆龟

苏卡达陆龟（Centrochelys sulcata）也称苏卡达象龟，是世界上第三大陆龟，也是非洲大陆最大的陆龟。雄性体长约80厘米，雌性体长约50厘米，雄性体重约100千克，雌性体重约60千克。苏卡达陆龟有宽阔的椭圆形且扁平的甲壳，背甲黄色至棕褐色，腹甲、头部和四肢呈象牙色至棕色不等。头顶具对称的大鳞，头骨较短，背腹甲通过甲桥以骨缝牢固连接。四肢粗壮，圆柱形。指、趾骨不超过2节，具爪，无蹼。苏卡达陆龟是杂食性动物，以纤维含量高、蛋白质含量低的植物为食，包括沙漠多肉植物、干叶、青草、仙人掌、莴苣、生菜和牵牛花叶子，最喜欢的食物是新鲜蒲公英，也食蜥蜴、兔等动物的腐肉。

苏卡达陆龟生活在非洲撒哈拉沙漠炎热干旱的地区，包括稀树草原、沙漠边缘到干燥的大草原等地。它们在沙子中可挖出将近1米深的洞穴，在炎热的天气里躲在洞穴里避暑。苏卡达陆龟喜欢晴朗且温暖的天气，从洞中出来摄取食物。它们交配也是在晴天的中午进行的。交配之前，两只龟往往会进行短暂追逐，雌龟停下来，雄龟从雌龟尾部爬到其后背上，进行交配。苏卡达陆龟是一种粗犷、野性十足的大型陆龟。海南已经成功饲养繁殖苏卡达陆龟。

苏卡达陆龟

戴胜

戴胜（*Upupa epops*）又名胡哱哱、花蒲扇、山和尚、鸡冠鸟、臭姑鸹，是戴胜目戴胜科戴胜属的鸟。戴胜体形中等，体长26～28厘米，翼展42～46厘米。头顶丝状冠羽，长而阔，呈扇形，棕红色或沙粉红色，具有黑色端斑和白色次端斑。头侧和后颈呈淡棕色，上背和肩呈灰棕色。下背黑色而杂有淡棕白色宽阔横斑。初级飞羽黑色，飞羽中部有一道宽阔的白色横斑，其余飞羽有多道白色横斑。翅上覆羽黑色，具有较宽的白色或棕白色横斑。腰白色。颏、喉和上胸呈葡萄棕色。腹白色而杂有褐色纵纹。虹膜呈暗褐色。嘴细长，向下弯曲，黑色。脚和趾呈铅色或褐色。戴胜栖息于山地、平原、森林、草地、河谷、农田和果园等开阔的地方。戴胜在树洞内做巢，以虫类为食。戴胜在长江以北为夏候鸟和旅鸟，在长江以南为留鸟。

戴胜

链接 白头鹎海南亚种

白头鹎海南亚种（*Pycnonotus sinensis hainanus*）是雀形目鹎科的小型鸣禽。它的额至头顶为黑色，两眼上方至后枕为白色，形成一个白色枕环，腹部呈白色，具有黄绿色纵纹。白头鹎海南亚种为海南岛上的留鸟，结群生活在树林及灌丛中。白头鹎是长江以南地区的常见鸟，喜欢将巢筑在相思树或榕树上，两只鸟一唱一和，多半是在互唱情歌。

白头鹎海南亚种

飞向海南

| 链接 | **白鹡鸰** |

白鹡鸰（*Motacilla alba*）是雀形目鹡鸰科的小型鸣禽，全球有11个亚种。白鹡鸰身长约18厘米，寿命约10年。体羽为黑白二色。栖息于离水较近的耕地、草场、公园等地。以昆虫为食，在地上或在空中捕食昆虫。飞行时波浪式前进。分布范围广泛，北方的白鹡鸰在冬季会迁徙到海南岛越冬。

白鹡鸰

蚁狮

蚁狮的别名有沙牛、金沙牛、沙鸡、地牯牛、老倒等，为昆虫纲脉翅目蚁蛉科昆虫蚁蛉的幼虫（若虫）。蚁狮平常总是倒着走，因此有"老倒""倒兔"的名称。成虫体蚁蛉的体形像蜻蜓，而幼虫蚁狮的外形则类似耕牛。蚁狮的个体很小，呈沙灰色，身长约为3.5毫米。蚁狮的头很小，为方形，触角形似牛角，有一对镰刀状大颚；前胸形成一个可动的颈；腹部为卵形，有鬃毛。身体背面有黑色圆斑点，头胸还各有一对圆斑点，翅背面可见纵向五列圆斑点。蚁狮的身体外缘、足及触角上均有触毛。蚁狮的已知品种有65个。

蚁狮是肉食性动物，虽然个体很小，但却是捕食能手。它的触角和刺吸式口器的巨颚十分坚硬，是它的捕食利器。蚁狮会在沙地上一边旋转一边向下钻，以腹部为犁，用头部顶住沙粒，将其抛出坑外，做成一个漏斗状的凹坑陷阱（2.5～5厘米深，口部2.5～7.5厘米宽）。蚁狮躲在漏斗最底端的沙子里面，不断地用大颚把沙子往外弹抛，使得漏斗坑的侧壁平滑陡峭。当蚂蚁、蝇虫等小虫爬入陷阱，因沙子松动而向下滑动时，蚁狮继续不断向外弹抛沙子，使得猎物被流沙推进中心，然后它就用大颚将猎物钳住，拖进沙里吃掉。蚁狮在猎物体内注入消化液，吸干猎物的体液后，再将其抛出陷阱。然后，蚁狮整理好陷阱等待下一个猎物。

在呆呆岛上，蚁狮是优势类群，但是人们想找到它们还是需要下一番功夫的。首先要在沙地上仔细观察，找到蚁狮的漏斗状陷阱，然后用双手从两侧对向快速地斜插进沙子里，把沙子捧起来，慢慢地倒掉沙子，从中找寻偷猎的蚁狮。找蚁狮，考验的是人们的耐心与细心，因为它们逃跑的速度非常快。

蚁狮

漏斗状的蚁狮穴（正中）

第四册 猕猴家园与南湾风情

第41页

中华穿山甲

中华穿山甲

中华穿山甲（Manis pentadactyla）是鳞甲目穿山甲科穿山甲属的地栖性哺乳动物。中华穿山甲体形狭长，全身有鳞甲，四肢粗短，尾扁平而长，背面略隆起。成体的头体长42～92厘米，尾长28～35厘米。头呈圆锥状，眼小，吻尖。舌长，无齿。足具5趾，并有强爪；前足爪长，后足爪较短小。全身鳞甲如瓦状，鳞片与体轴平行，共15～18列。鳞片呈棕褐色，老年兽的鳞片边缘呈橙褐色或灰褐色，幼兽尚未角化的鳞片呈黄色。中华穿山甲栖息于山地、丘陵、平原的草丛中或灌丛较潮湿的地方，挖穴而居，昼伏夜出，行动缓慢，能攀爬树木，能在水中游泳。遇敌时，中华穿山甲蜷缩成球状。它的视觉退化，但嗅觉灵敏，依靠嗅觉发现食物，以长舌舔食白蚁、蚁、蜜蜂或其他昆虫。

坡鹿

链接　坡鹿

坡鹿（Cervus eldii）别名眉杈鹿、眉角鹿、泽鹿，是偶蹄目鹿科鹿属的坡鹿种，具有3个亚种。坡鹿在我国仅分布于海南岛，为国家一级保护动物，海南省特有坡鹿头体长为150～170厘米，肩高为120～130厘米，尾长为22～25厘米，体重为64～100千克。体态近似梅花鹿，但是没有梅花鹿华丽，身上也没有明显的梅花。坡鹿无臀斑，背中线上有淡色斑。雄鹿头上有一对奇特的犄角，角的主干和眉枝由根部呈钝角前后分开，眉枝向前方伸出后再稍向上弯曲；主干先向后伸长，再向上前弯曲，呈一个弯弓形，这是坡鹿区别于其他鹿科动物的主要标志。雌兽的头上没有角。

坡鹿生活在低海拔的开阔森林中，以草、树叶、花和果实为食，也会危害稻田。在非繁殖季节，雄鹿集合成群。在繁殖季节，它们会为占有雌鹿而争斗。坡鹿能够数天不喝水。雄鹿喜欢泥浴，会定期到盐渍地舐盐。每年春季发情，交配后约8个月后产仔，每胎1仔。

飞向海南

呆呆岛的海滩与椰树

研学小课题

1. 椰子在海南结果，但是到了广东与广西便很少结果，这是为什么呢？

2. 海草是陆地上的被子植物返回到海洋里，观察和分析它们是怎么适应海水环境的。

3. 简述绿海龟与陆龟的异同。

飞向海南

南湾晨曦

研学小实践

1. 采集一朵凤凰木的花，解剖与识别花的各部分结构。

2. 观察植物的生态类型——乔木、灌木、藤本和草本，记录观察的结果。

3. 采集木麻黄并将其做成标本，通过检索表确定采集的标本属于哪种木麻黄。

4. 仔细寻找狮蚁的小陷阱，动手抓住一只狮蚁，并观察。

研学小思考

1. 养殖绿海龟都需要什么条件？

2. 养殖陆龟都需要什么条件？

3. 设计保护海草的科学实践活动。

第三节
南湾半岛风情

【关键词】 呆呆岛　生命演化　疍家
【知识点】 渔排　咸水歌　天文　化石林

研学地点

陵水黎族自治县新村镇南湾半岛
海南南湾省级自然保护区
陵水黎族自治县新村镇

第四册 猕猴家园与南湾风情

我国的"高分二号"卫星拍摄的南湾猴岛的卫星图片（分辨率可达 0.8 米）

研学背景

呆呆岛位于南湾半岛的西南侧，西与清水湾旅游区毗邻，南与蜈支洲岛隔海相望。

呆呆岛旧称七彩沙滩，2018 年更名为"呆呆岛"。

在南湾猴岛东面宽阔的新村港湾里，世居在此的渔民终年生活在水中的渔排上。他们以打鱼为生，与大海结缘，无论是风雨飘摇，还是生活艰难困苦，他们都不离不弃，依靠大海的资源生活。一代代疍家人传承着渔家不屈不挠的精神，演绎着疍家的多彩风情。

南湾新村夜景

第47页

呆呆岛岩石岸鸟瞰图

研学知识

1. 呆呆风尚

  呆呆岛背靠起伏的青山,面对浩瀚的大海,海滩平坦开阔,椰树成林,细沙柔软,海风徐徐,涛声阵阵。呆呆岛的沙滩海岸线全长5.9公里,海水水质优良,长期以来没有受到非自然干扰。这里是海南岛东海岸线最长、保护最好的优质沙滩。如此美丽与浪漫、清静与隐秘的境界,是世人亲近大自然、投身大自然、融入大自然的理想之地。

  再好的珍珠也只有面世才能显现出其高贵的价值。如此迷人的海滨与秀美的山水只有展现给世人,方显出其妩媚和尊贵。开发呆呆岛是海南岛发展的需要,也是陵水发展的需要。开发呆呆岛之初,南湾人就定位在顺应自然、低碳经营、高端享受、全方位发展的层面上。站位高、理念新,一个集休闲、享受、学习和研学实践为一体的全新基地正在建设之中,已经初见端倪。

  受热带海洋性气候影响,呆呆岛上的自然植被类型丰富多彩,有沙生植被、灌丛草地、滨海季雨林和岩石上生长的耐旱植物。主要植物种类有椰子、狐尾椰、榄仁树、凤凰木、木麻黄、龙血树、草海桐、厚藤、仙人掌、野菠萝、火焰木等。

呆呆岛标识

南湾人开发呆呆岛时首先遇到的问题是在山地与大海之间的沙滩上缺少遮阴挡阳的树木。酷暑时节,烈日暴晒,沙地温度升高,极度干热的沙滩很难留住客人。南湾人做的第一项工作就是在这片沙滩地上种植椰树,营造椰林,创建阴凉之地。但是,沙滩不适宜植物生长。要改变不利条件,一是需要用土壤而不是沙子来承载移植来的大树,二是需要有用淡水而不是咸水来浇树。如何推进如此不易之事,确保每棵大树都能移植存活?南湾创业者集思广益,遵循自然规律,在沙地上挖大坑,倒入足够土壤,再把高大的椰树移植过来。为了浇灌树木,又从几公里以外的地方通过管道引地下水过来,每日定时浇树。南湾创业人日日夜夜不懈努力,用智慧和汗水终于换来了一大片茂密的椰林。

如今,沙质岸上的椰树、榄仁树、木麻黄、凤凰木等常绿树种,海岸岩石上生长的龙血树和野菠萝,连成一片郁郁葱葱的林带,为海滨优美的景色增添了更多的朝气和活力。南湾人的奋斗和奉献勾画出一幅绿林、细沙、海浪、蓝天、白云、青山融合在一起的水墨画,为远道而来的客人们享受大自然,为青年人休闲,为青少年研学实践,创造了一块宝地。

呆呆岛的沙滩适合海龟生活。这里曾经有过一处海龟湾,数百只海龟栖息于此。海龟有鳞质外壳,可在水底游动几个小时,但还需要浮上海面呼吸和调节体温。海龟是一种存了两亿年的史前爬行动物,行动缓慢,与世无争,呆呆萌萌,长命百岁。苏卡达等大型陆龟更是呆头呆脑,迈着四方步,摇头晃脑,慢慢地行走在沙滩上,可以陪着青年人一起发呆,不紧不慢地幻想未来。南湾人计划让海龟归来,再引进陆龟陪伴海龟,共建爬行动物家园,增添海岸活力,也是低碳经营的优选项目。

呆呆岛附近海域游弋着各种鱼类、虾类,生活着蟹类、螺类、珊瑚、各种贝类,成为"珍珠海岸,海洋动物之家"。珊瑚生活在海水清澈、水质纯净、

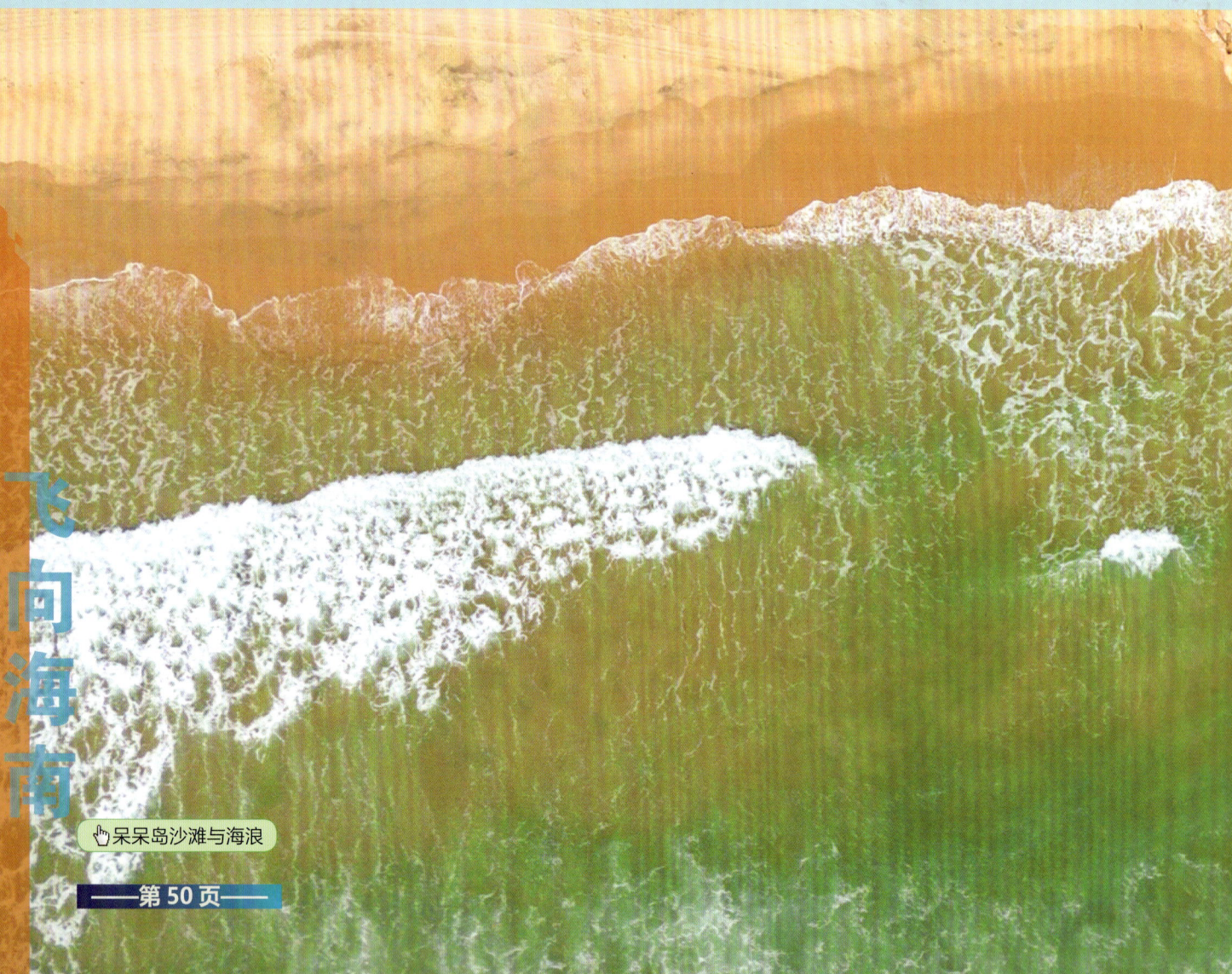

呆呆岛沙滩与海浪

常年温暖的海水中。探索者潜入水下，可以目睹美丽的活体珊瑚。

呆呆岛背靠的青山中有侏罗纪时代古老树木留下的化石木森林和藏匿其中的化石恐龙的身影。散布在现代绿色森林里和古代橙黄色化石木森林里的精致小木屋会让你想止步留宿，回到史前时代，感受几亿年前的原始生境和大自然的神奇力量。

呆呆岛附近的岩石岸及沿海公路边有多处花岗岩巨石展露，气势壮观。花岗岩陡崖之外是碧蓝的海水。花岗岩因为含有丰富的铁元素而呈红色。如此坚硬的巨石在大自然"魔力"的摧毁下，经过岁月洗礼，被风化成为小碎石。小碎石在海滩上被永不停息的海浪日夜"亲吻"，最终成为细沙；留在山上的碎石也被逐渐风化成土壤，为植物和土壤里的小动物提供栖息地。

海滩上的细沙有黑白两色，以白色细沙为主。在水流经过的沙地或海潮冲上岸退却后的沙地上都会出现一层薄薄的黑色细沙。这是附近火山岩风化以后在海浪打磨下形成的金属钛的矿物细颗粒。钛是航天工业和航海工业中的重要原料。钛的"亲生物"性使其也可被用于医疗器械。

日出月落、天圆地方、潮汐往来看似无关，却彼此紧密相连。所有这一切都离不开大自然的主宰。除了提供一个享受大自然的休闲胜地以外，呆呆岛也是学习大自然的天地大课堂，是开展研学实践的优选基地。呆呆岛宁静夜晚的天空，满天银星，斗转星移，璀璨银河，浩渺宇宙，是观天象、识星座、学习天文知识、拓宽心胸、增长才智的天文科普基地。

呆呆岛有洁白无瑕的沙滩、湛蓝的海水、浩瀚的天空、翡翠般的青山、丰富的热带动植物，还有新奇的知识与无边无际的遐想，青少年在这里可以和大自然零距离接触，学习海洋知识，体验热带气候，感受人与自然和谐的魅力。这些是上天赋予呆呆岛作为研学基地的独一无二的优势资源。

第四册　猕猴家园与南湾风情

第51页

> **链接　化石木森林**

在过去4亿年的植物演化过程中，不同的地质时代都有大面积的森林出现。当遭受地质灾害时，有些森林便沉入水底被泥土掩埋起来。经受地质作用，这些泥土变成沉积岩，埋在其中的森林就变成了化石。在古木材变成化石的过程中，与富含二氧化硅、硫化铁、碳酸钙等化学物质的地下水发生石化作用就形成了各种不同的化石木材，如硅化木、铁化木、钙化木、碳化木等。

这些化石木材保留了树木原来的细胞与组织结构及木材的年轮和纹理，颜色为淡黄、黄褐、红褐、灰白、灰黑等，抛光面可以清楚地看到古树木的年轮。如果化石木玉化或者玛瑙化，这些化石木就成为树化玉。

我们可以将从野外发现的大量化石木收集起来，建设成为一片化石木森林，恢复地质历史时期的森林景观，为人们了解消逝的古代森林提供一个十分难得的远古场景，体会大自然的永恒活力和神秘造化。

南湾港内停靠的捕鱼船

2. 疍家文化

海上人家

南湾半岛附近的新村港属于潟湖性港，是国家一级渔港，也是海南第二大深水港，具有得天独厚的优越条件。港湾东部和南部由半岛环绕，起到防风浪的屏蔽作用，海港口窄内宽，水质清澈，海鲜种类丰富。

在新村港内宽阔的海面上漂浮着一座座小木屋，连成一片海上城镇。港湾的航道绵延数里，航道两边的水上木屋如同陆地上街道两侧的房屋，构成水上市井。紧挨着房子的周围，漂浮着一个个网格状养殖箱，当地人俗称"渔排"。近处的渔排、远处围滩养殖的竹篱笆，还有它们在水面上的倒影，把一个港湾变成了水上田园。

第四册 猕猴家园与南湾风情

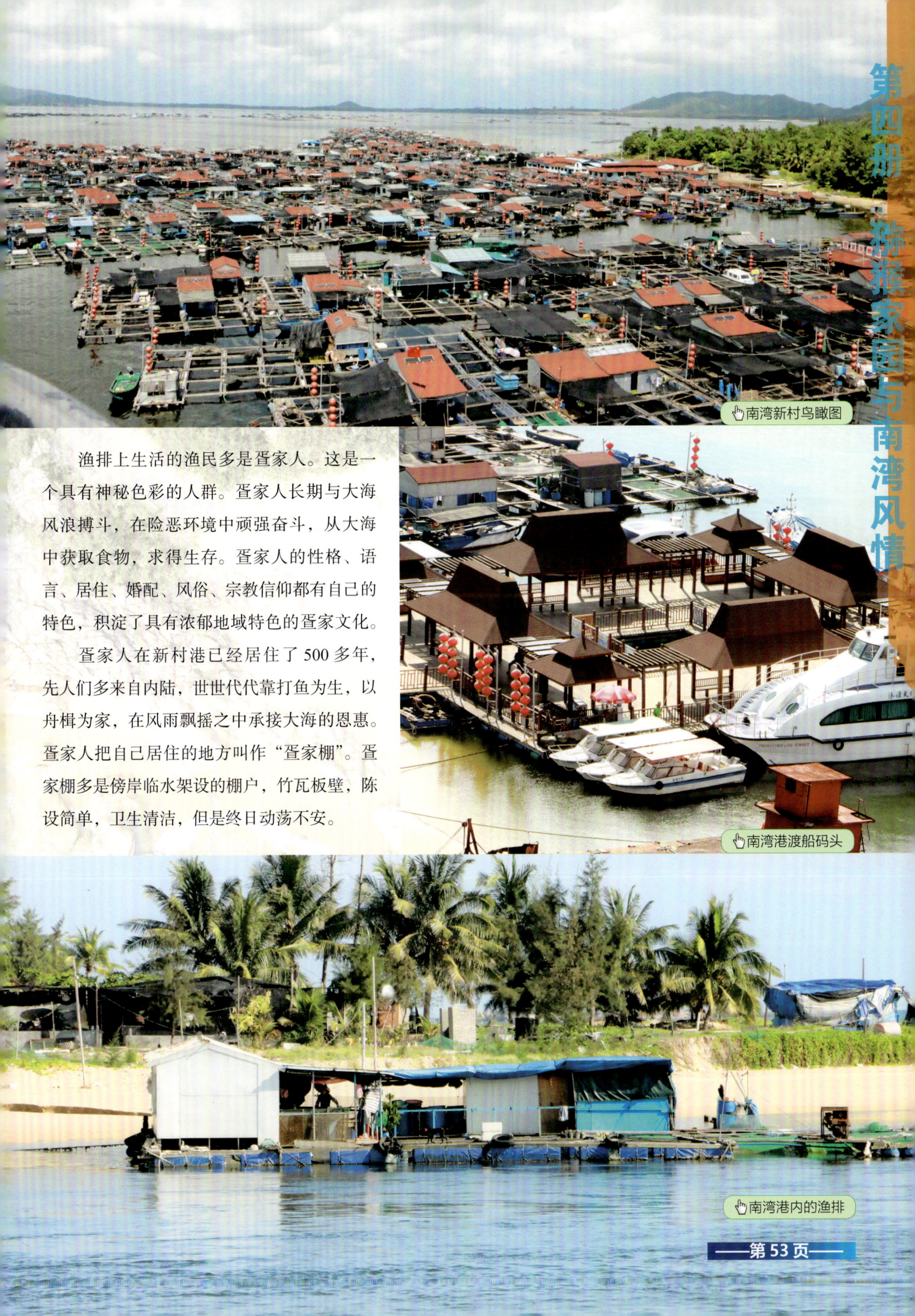

渔排上生活的渔民多是疍家人。这是一个具有神秘色彩的人群。疍家人长期与大海风浪搏斗，在险恶环境中顽强奋斗，从大海中获取食物，求得生存。疍家人的性格、语言、居住、婚配、风俗、宗教信仰都有自己的特色，积淀了具有浓郁地域特色的疍家文化。

疍家人在新村港已经居住了500多年，先人们多来自内陆，世世代代靠打鱼为生，以舟楫为家，在风雨飘摇之中承接大海的恩惠。疍家人把自己居住的地方叫作"疍家棚"。疍家棚多是傍岸临水架设的棚户，竹瓦板壁，陈设简单，卫生清洁，但是终日动荡不安。

👆 南湾新村鸟瞰图

👆 南湾港渡船码头

👆 南湾港内的渔排

第53页

🖐 疍家人的水上居室

"出海三分命，上岸低头行。"这句话是疍家人在旧时代的生活场景和社会地位的真实写照。疍家人出海捕鱼，充满未知与恐惧，遇上风浪，甚至一去不复还。他们回到岸上又没有地位，生活在社会底层。那时候，疍家人向海谋生，与海搏斗，没有保障，有很多疍家人葬身海底。这一切恰如漂浮在海上的鸡蛋，随时会破碎。疍家人的"疍"字最早就是用鸡蛋的"蛋"字，是"疍家"一词的来源。当然，渔民生活居住、出海打鱼的舟楫外形酷似蛋壳，也赋予"蛋"字的象形含义。无论如何，疍家人伴水而居，以捕鱼为生，以海为家，常年与风浪搏斗，世世代代承守家业，留下疍家许多可歌可泣的故事。

疍家是我国沿海水上渔民的统称，不是一个独立民族，依旧属于汉族。在历史的不同时期，疍家人有可能与不同的人群融合、生活到一起。清光绪《崖州志》中称疍家人为疍民："男女罕事农桑，惟缉麻为网罟，以渔为生。子孙世守其业，税办渔课。间亦有置产耕种者。妇女则兼织纺为业。"

🖐 南湾港内的渔船

有研究表明，疍民是古越族的后代；也有研究表明，疍家人是原居于陆地的汉人。因为疍家人常年漂泊在海上，又被称为"海上吉卜赛人"。疍家人用自己勤劳的双手和无限的智慧围海造田，造出了滩涂沃野，创造了咸水种植农作物的方法，修筑海边基围养虾，把陆地从海中一点点"围"出来。

我国的疍家人主要生活在广东、广西、海南、浙江等沿海地区。居住在三亚的疍家人可能是清末从福建泉州，广东顺德、番禺一带过来的，他们在海上一路捕捞，一路南迁，最后定居海南。现代疍家人一方面在海上利用海洋资源，继续捕鱼和发展海产养殖；另一方面逐渐向岸上发展，成为具有新生活的"两栖疍民"。

疍家人的渔排

疍家人的灯光捕鱼船

第四册 猕猴家园与南湾风情

 渔排

出海捕鱼是一种获得海产品维系渔民生活与发展的手段，但是出海风险比较大。渔排是一种海上发展渔业和生活的方式。渔民在海上选择自己居住的海面，用渔排围成方格状，在方格里系网进行水产养殖。在养殖的同时搭建木屋，以供生活所需。这样，养殖与生活都在渔排上。渔排彼此连成片，木屋成排构成水上村镇。

第55页

生产生活与文化习俗

捕鱼方式

陵水新村港湾里有一千多户疍民。他们的捕鱼方式也与时俱进,分别采用灯光捕鱼船、拖网捕鱼船等多种船型。

灯光捕鱼船(也叫近海渔船)是疍家人传统的捕鱼工具。疍家人每天下午把船开到捕鱼海域,停靠好后,将渔网撒放到海上,天黑后将一排排灯打开,灯光直接照亮船周围的海面。鱼群具有趋光性,会向灯光聚集。疍家人到了凌晨三点开始收网,天亮之前返航。赶上早市,他们就可以将海鲜卖向市场。这就是疍家人的灯光捕鱼方式。

拖网捕鱼船(也叫远海渔船)要比灯光捕鱼船大很多。船上没有成排的灯泡,而是在船尾有一个三角拖架。疍家人将渔船开到远海,如黄岩岛、西沙群岛、南沙群岛等鱼群较多的地方,由小船将网撒到海上,并由大船拖网捕捞到大量的鱼。这些鱼要储藏在船上的冷库中。海鲜的保鲜离不开冷藏,而大量冰块的制作成为关键一环。疍家人有自己的制冰船——海上制冰厂。在大型轮船上配备制冰机器,将大量的冰提供给渔船用于海产品保鲜。

疍家人水上屋的走廊

疍家棚

疍家人住在海上的地方叫作"疍家棚",就是傍岸临水架设的棚户,用木材建筑。房间竹瓦板壁,装饰简洁,室内卫生清洁,屋内陈设十分简单,仅供生活所需,如必需的炊具、睡觉卧具,还有供奉的海上诸神,以保佑疍家人出海平安、生活幸福。疍家棚最大的特点是会随海浪晃动,轻如摇篮,助人入睡,海浪强烈时,晃如秋千,荡来荡去。疍家棚的建筑多围绕船身进行设计和建造。

休渔期的捕鱼船

第四册 猕猴家园与南湾风情

↥ 海鲜养殖网箱

海鲜美食

俗语说，靠山吃山，靠海吃海。生活在海上的疍家人以捕捞到的海洋生物作为食材，养家糊口，休养生息。内陆地区人们日常食用的大米在这里要比海鲜贵，而内陆地区人们花高价品尝的各种海鲜食品却成了疍家人的家常便饭。鲍鱼、龙虾、海蟹、生蚝、贝类、石斑鱼等应有尽有，丰盛至极。

刺豚，又称小硬颚鱼，棕色，腹部有一个大气囊，全身长满硬刺。用刺豚鱼皮经过特殊加工处理而熬制成美味香粥被称为"天下第一粥"。疍家人对熬粥的食材和配料极为讲究，精选大米，专门熬制刺豚鱼皮，确保粥黏稠有度、口感极佳。刺豚鱼皮富含胶原蛋白，既养胃又美容。

疍家人在网箱里养的石斑鱼的个头非常大，每斤鱼卵可售几万元，疍家人不会轻易食用养殖的石斑鱼，而是留着用于产卵。

↥ 南湾港内海上新村俯瞰图

第57页

语言

虽历经 500 多年，但疍家人仍然保留着自己的民俗民风，包括疍家人自己的语言。由于各地疍民生活船舶、水域和语言的差异，因此有不同的名称。例如，福州疍民是讲闽语的族群，自称为"曲蹄"。广东疍家人是讲粤语的族群，被称作"水上人"或渔民、疍家人等。广西和海南的疍家话也属于粤语方言。海南疍家人唱歌和说话都使用粤语而不是海南当地方言。三亚疍民的祖籍多为广东阳江、番禺、顺德等地，没有统一的语言。三亚、昌江海尾地区、陵水县新村港等地的疍民通用粤语，即祖籍语言。

信仰

疍家人信仰佛教、妈祖，还信奉龙皇。他们在港口附近建有妈祖庙，每逢初一、十五都要去上香，备猪、羊奠祀。疍家人还敬拜"108 兄弟公"，108 位渔民兄弟在海上捕鱼，不幸遭遇风暴而全体遇难。后世疍家人出海作业之前，都要祭拜"108 兄弟公"，以祈求平安。

新村湾渡船码头

服饰

海南疍民的服饰与汉族基本相同。疍民喜欢的首饰也与汉族基本相同，但更偏爱玉器。疍家姑娘喜爱碧玉和翡翠，制成直径为 2 厘米左右的单孔圆环，再配上细金链，就是别具一格的耳坠。疍家姑娘戴上金链碧玉或者翡翠耳环，增添了媚人光彩，象征着纯洁、美好、富有、幸福、吉祥如意。

疍家姑娘佩戴的竹笠很讲究。筒式竹笠做工考究，纺织目细，外部要刷上金黄色的海棠油。这层油金光闪闪，既是竹笠的保护层，又增添了一分光彩。笠带则为疍家姑娘的杰作，以红、橙、黄、白、紫、蓝、黑等胶丝配上闪闪发亮的贝类小珠编织而成。戴上精致的竹笠和美丽的彩带，疍家姑娘显得更妩媚动人。

疍家姑娘

第四册 疍家猴家园与南湾风情

婚礼

疍家人结婚的时候，亲朋好友以布匹作为贺礼，赠予新人。新娘会选用红色布料制作新婚礼服，即红色的婚衫和有花边的裙子。新郎则是制作高领上衣与黑色长裤子。

傍晚时分，亲戚朋友驾舟而至，齐聚男方家中吃喜宴、贺婚礼。数十只船艇泊在一起，船头相对，用红布搭起凉棚。新娘一边敬茶，一边唱着咸水歌，收取盘茶红包。喜宴开始后，大家一起唱歌庆贺，热闹非凡，亲戚朋友一直闹至深夜方才摇舟散去。

疍家人的婚帽

疍家青年男女的婚姻要遵从父母之命与媒妁之言，同时兼顾自己的意愿，充满浪漫色彩。清代文学家屈大均撰《广东新语·舟语·蛋家艇》曰："诸蛋以艇为家，是曰蛋家。其有男未聘，则置盆草于梢；女未受聘，则置盆花于梢，以致媒妁。婚时以恋歌相迎，男歌胜则夺女过舟。"清代诗人陈昙《疍家墩》诗咏道："龙户卢余是种人，水云深处且藏身。盆花盆草风流甚，竞唱渔歌好缔亲。"

　　旧时，疍家人栖身水上，终生漂泊不定。女子出嫁要随丈夫出海谋生。一旦远离父母，出嫁的女儿要数月甚至经年之久才可能回来与父母相见。人生之艰难，即使在疍家人婚嫁的喜庆日子里也饱含辛酸。因此，疍家婚礼上就有了哭嫁啼夜的习俗。新娘在出嫁前每晚在自家船里唱哭嫁歌，通宵达旦。疍家人将新娘称为"哭嫁姐"。

婚帽

疍家人结婚布兜上的绣布装饰

咸水歌

疍家人的渔歌——咸水歌，又称咸水叹、叹哥兄、叹姑妹、叹家姐。疍家人为了调剂生活、增加友情，逐渐形成了一种对歌酬答的习俗，采用独唱、随编随唱、对唱等形式。咸水歌的曲调基本上是确定不变的，歌词包括喜事、丧事、想念亲朋好友，讲述生活中的故事，随兴而唱。

咸水歌的流传方式简单，没有专人教授，都是老辈人口口传唱。疍家民间的咸水歌世代传唱，记载了疍家的历史沿革、生活生产活动及风土人情。

"咸水歌"名称的来源有两种说法。一种说法认为与疍民生活的地域有关。早年疍家人生活的珠三角地区，处在海洋与河流交界的区域。每当海水咸潮涌入，咸水流经的地方大多是疍民聚居之地。疍民长期与咸水打交道，因此他们传唱的歌就被称为"咸水歌"。另一种说法则认为咸水歌的"咸"字主要是指与男女私情有关的事情，认为"咸"字在粤语中继承了古义。咸水歌中反映男欢女爱的情歌占了相当大的比例，所以叫作"咸水歌"。

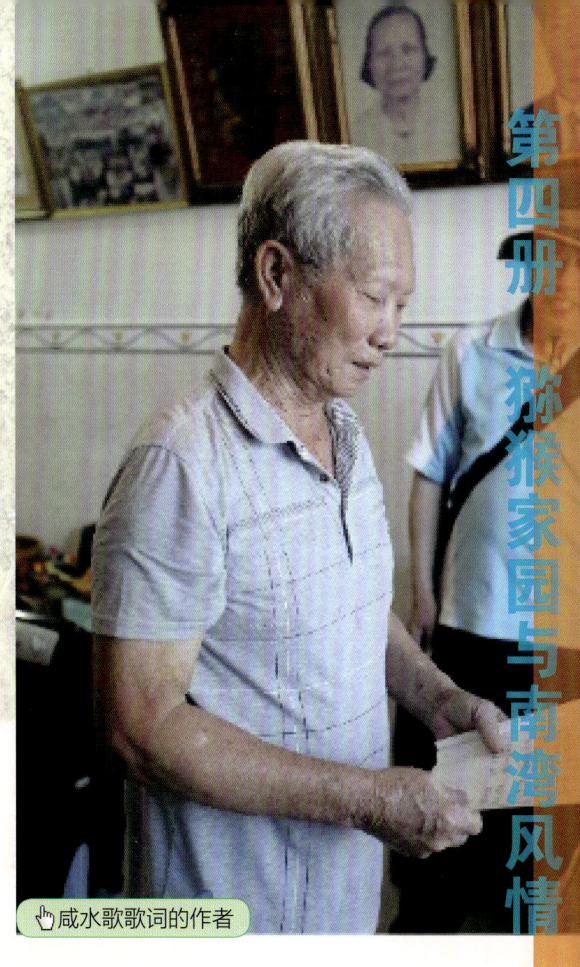

👆 咸水歌歌词的作者

咸水歌早在明末清初就已被传唱，成为疍民婚丧嫁娶或在重要社会活动时的一项重要内容。到清代，咸水歌已相当盛行。人们在江河边上经常可以听到咸水歌声。在保留至今的咸水歌中，有以男女青年追求美好爱情、互诉真挚情感的内容为主的情歌，更有随兴歌唱幸福生活、和睦家庭，赞美亲朋好友的丰富多彩的歌曲。

👆 一份抗疫主题的咸水歌歌词

链接 双名命名法

双名命名法，又被称作二名法。生物界里每种生物都需要一个全世界公认的名字，否则各个国家用不同语言叫同一种生物的不同名字，会在认识自然界和学术交流上造成混乱。于是科学家们依照生物学命名规则，对每种生物进行了双命名，以拉丁文构成，前面是属名，后面是种名，即属名和种加词（种小名）两者合成为"学名"。例如，"大熊猫"是中国人的叫法，而它的学名是 *Ailuropoda melanoleuca*。属名以名词构成，首字母大写；种加词是形容词，全部小写。在种加词后面加上命名人与命名时间。在纸质印刷时，学名以斜体表示，或者采用正体字下加底线表示。自卡尔·冯·林奈（Carl von Linnaeus，1707—1778）的《植物种志》（*Species Plantarum*，1753年）问世以来，双名命名法得到普及与广泛应用。

研学小课题

1. 呆呆岛的植物你能认识几种？
2. 调查海南疍家人的渔排。
3. 调查海南疍家人的服饰。
4. 调查海南疍家竹笠的制作方法。

飞向海南

南湾半岛

研学小实践

1. 分析海南疍家渔排的特点与海洋环境的关系。
2. 调查和记录海南疍家的服装制作特点。
3. 收集与记录海南咸水歌的歌词。

研学小思考

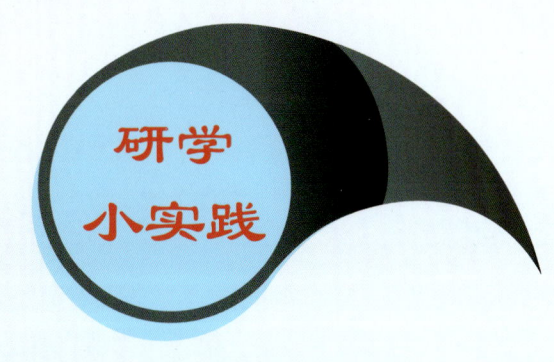

1. 你对呆呆岛发展的思考。
2. 疍家渔排未来发展的思考与建议。
3. 新一代疍家人的生活和生产与上一代疍家人的区别。

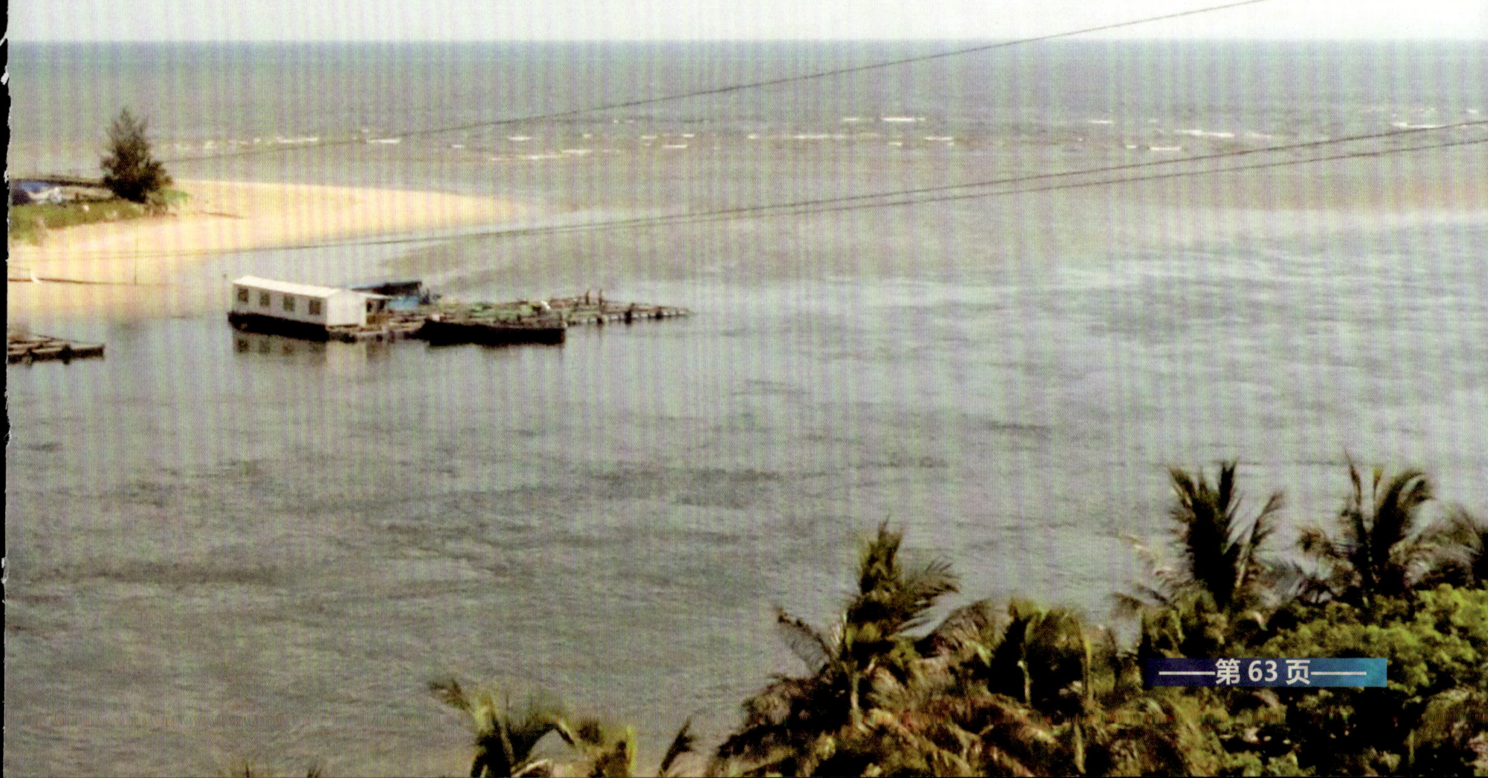

呆呆岛上的浪漫